Für ______________________

Von ____________________

FSC MIX Papier | Fördert gute Waldnutzung FSC® C022120 www.fsc.org

Mineralöl freie Druckfarbe

ISBN 978-3-649-64977-9

Hafenweg 30, 48155 Münster, Germany
Illustrationen: Julia Borchers
Textsatz & grafische Gestaltung: Tina Defaux
Redaktion: Carolin Willeke

www.coppenrath.de

Einige Gedichte in dieser Sammlung erscheinen in gekürzter Fassung.

Hand in Hand ein Leben lang

GEDICHTE & GEDANKEN ZUR HOCHZEIT

COPPENRATH

*Ewig dein,
ewig mein,
ewig uns.*

LUDWIG VAN BEETHOVEN

JA, DU BIST MEIN!

Ich will's dem blauen Himmel sagen,
ich will's der dunklen Nacht vertraun,
ich will's als frohe Botschaft tragen
auf Bergeshöhn, durch Heid und Aun.

Die ganze Welt soll Zeuge sein:
Ja, du bist mein!
Und ewig mein!
Ja, du bist mein!

HOFFMANN VON FALLERSLEBEN

Mein Herz, ich will dich fragen:
Was ist denn Liebe, sag?
„Zwei Seelen und ein Gedanke,
zwei Herzen und ein Schlag!“

Und sprich: Woher kommt Liebe?
„Sie kommt und sie ist da!“
Und sprich: Wie schwindet Liebe?
„Die war’s nicht, der’s geschah!“

Und was ist reine Liebe?
„Die ihrer selbst vergisst!“
Und wann ist Lieb am tiefsten?
„Wenn sie am stillsten ist!“

Und wann ist Lieb am reichsten?
„Das ist sie, wenn sie gibt!“
Und sprich: Wie redet Liebe?
„Sie redet nicht, sie liebt!“

FRIEDRICH HALM

Einen Menschen wissen,
der dich ganz versteht,
der in Bitternissen
immer zu dir steht,
der auch deine Schwächen liebt,
weil du bist sein;
dann mag alles brechen:
Du bist nie allein.

MARIE VON EBNER-ESCHENBACH

Liebe

Es ist ein Glück zu wissen, dass du bist,
von dir zu träumen hohe Wonne ist,
nach dir sich sehnen macht zum Traum die Zeit,
bei dir zu sein, ist ganze Seligkeit.

OTTO JULIUS BIERBAUM

DIE UHR ZEIGT HEUTE KEINE ZEIT

Ich bin so glücklich von deinen Küssen,
dass alle Dinge es spüren müssen.
Mein Herz in wogender Brust mir liegt,
wie sich ein Kahn im Schilfe wiegt.
Und fällt auch Regen heut ohne Ende,
es regnet Blumen in meine Hände.
Die Stund, die so durchs Zimmer geht,
auf keiner Uhr als Ziffer steht;
die Uhr zeigt heute keine Zeit,
sie deutet hinaus in die Ewigkeit.

MAX DAUTHENDEY

*Aber die Liebe ist wie ein Licht,
und nur in seinen Strahlen
kann ich die Dinge klarsehen.*

KATHERINE MANSFIELD

Zwei Lichtlein

Es sieht von deinem Fenster
ein Lichtlein in die Nacht,
das hat in meinem Herzen
ein zweites Licht entfacht.
Ich muss es immer denken
und denk es doch nicht aus:

Fänd doch dies eigne Lichtlein
zum Licht in deinem Haus!
Das gäbe dann ein Leuchten
und Strahlen Nacht und Tag,
zwei Lichtlein brennen heller,
als eines brennen mag.

ERNST GOLL

Zwei Segel

Zwei Segel, erhellend
die tiefblaue Bucht!
Zwei Segel, sich schwellend
zu ruhiger Flucht!

Wie eins in den Winden
sich wölbt und bewegt,
wird auch das Empfinden
des andern erregt.

Begehrt eins zu hasten,
das andre geht schnell,
verlangt eins zu rasten,
ruht auch sein Gesell.

CONRAD FERDINAND MEYER

Glückes genug

Wenn sanft du mir im Arme schliefst,
ich deinen Atem hören konnte,
im Traum du meinen Namen riefst,
um deinen Mund ein Lächeln sonnte –
Glückes genug.

Und wenn nach heißem, ernstem Tag
du mir verscheuchtest schwere Sorgen,
wenn ich an deinem Herzen lag
und nicht mehr dachte an ein Morgen –
Glückes genug.

DETLEV VON LILIENCRON

Sonett 43

Wie ich dich liebe? Lass mich zählen, wie.
Ich liebe dich so tief, so hoch, so weit,
als meine Seele blindlings reicht, wenn sie
ihr Dasein abfühlt und die Ewigkeit.

Ich liebe dich bis zu dem stillsten Stand,
den jeder Tag erreicht im Lampenschein
oder in Sonne. Frei, im Recht und rein
wie jene, die vom Ruhm sich abgewandt.

ELIZABETH BARRETT BROWNING

Was ist die Liebe?

O sprich! Was ist die Liebe?
In einem Wort die Welt!
Ein Märchen ohne Ende,
von Geistermund erzählt;

in einer kleinen Träne
ein weiter Ozean,
in einem leisen Seufzer
ein wirbelnder Orkan;

die Gegenwart und Zukunft
in einem Druck der Hand;
in einem einz'gen Kusse
ein lohender Weltenbrand,

ein magisches Gewebe
von Traum und Wirklichkeit,
in einem Augenblicke
die ganze Ewigkeit.

HERMINE CZIGLÉR VON VECSE-CAPPILLERI

Treue

Ich von dir lassen?
Kannst du's fassen?
Kannst du glauben,
es könne die Welt
mich dir rauben,
der dich fest in den Armen hält?
Lass zusammen
die Herzen glühen,
lass sie entflammen
und Funken sprühen;
lass uns erproben
mit tapferem Blick
innig verwoben
unser Geschick!
Du die Meine,
ob Wogen sich türmen,
ich der Deine
in Wettern und Stürmen;
hab dich gefunden
durch Himmelsgebot,
bin dir verbunden
bis in den Tod.

LUDWIG FULDA

Ich suchte dich
und habe mich gefunden.

FRANZ GRILLPARZER

O glücklich, wer ein Herz gefunden

O glücklich, wer ein Herz gefunden,
das nur in Liebe denkt und sinnt –,
und mit der Liebe treu verbunden
sein schön’res Leben erst beginnt.

Wo liebend sich zwei Herzen einen,
nur eins zu sein in Freud und Leid,
da muss des Himmels
Sonne scheinen und heiter lächeln jede Zeit.

Die Liebe, nur die Lieb ist Leben!
Kannst du dein Herz der Liebe weihn,
so hat dir Gott genug gegeben,
heil dir! Die ganze Welt ist dein!

HOFFMANN VON FALLERSLEBEN

So komme, was da kommen mag!
Solang du lebest, ist es Tag.

Und geht es in die Welt hinaus,
wo du mir bist, bin ich zu Haus.

Ich seh dein liebes Angesicht,
ich seh die Schatten der Zukunft nicht.

THEODOR STORM

Du bist die Sonne, die nicht untergeht

Du bist die Sonne, die nicht untergeht,
du bist der Mond, der stets am Himmel steht;
du bist der Stern, der, wenn die andern dunkeln,
noch überstrahlt den Tag mit seinem Funkeln.

Du bist das sonnenlose Morgenrot,
ein heit'rer Tag, den keine Nacht bedroht;
der Freud und Hoffnung Widerschein auf Erden –
das bist du mir, was kannst du mehr noch werden?

HOFFMANN V. FALLERSLEBEN

NÄHE DES GELIEBTEN

Ich denke dein, wenn mir der Sonne Schimmer
vom Meere strahlt;
ich denke dein, wenn sich des Mondes Flimmer
in Quellen malt.

Ich sehe dich, wenn auf dem fernen Wege
der Staub sich hebt;
in tiefer Nacht, wenn auf dem schmalen Stege
der Wandrer bebt.

Ich höre dich, wenn dort mit dumpfem Rauschen
die Welle steigt.
Im stillen Haine geh ich oft zu lauschen,
wenn alles schweigt.

Ich bin bei dir, du seist auch noch so ferne,
du bist mir nah!
Die Sonne sinkt, bald leuchten mir die Sterne.
O wärst du da!

JOHANN WOLFGANG VON GOETHE

*Menschen zu finden,
die mit uns fühlen
und empfinden, ist wohl
das schönste Glück
auf Erden.*

CARL SPITTELER

Nicht genug

Ich liebe dich, doch nicht genug
für deine Seele, deine süße.
Ich hab ja Augen nicht genug
für ihre tausend stummen Grüße.
Nicht Hände habe ich genug,
um Glück, nur Glück dir zuzutragen,
und habe Atem nicht genug,
um so viel Liebe auszusagen!

LUDWIG JACOBOWSKI

Es ist Nacht

Es ist Nacht,
und mein Herz kommt zu dir,
hält's nicht aus,
hält's nicht aus mehr bei mir.

Legt sich dir auf die Brust
wie ein Stein,
sinkt hinein,
zu dem deinen hinein.

Dort erst,
dort erst kommt es zur Ruh,
liegt auf dem Grund
seines ewigen Du.

CHRISTIAN MORGENSTERN

Wie ein Rausch ist deine Liebe

Wie ein Rausch ist deine Liebe,
deine Küsse wie der Wein –
trank ich mich an deinen Lippen
selig satt, so schlaf ich ein.

Und dein Arm ist meine Wiege,
heimlich singst du mir ein Lied,
dass ein Glanz von Glück und Liebe
noch durch meine Träume zieht.

ANNA RITTER

Ging auch alles um und um

Und ging auch alles um und um,
in dir, in mir, ich lieb dich drum,
ich lieb dich drum, weil du mir bliebst,
ich lieb dich drum, weil du vergibst,
ich lieb dich – ach, warum, warum –,
und blieb auch meine Lippe stumm,
ich lieb dich drum, weil du mich liebst.

THEODOR FONTANE

Zweifle an der Sonne Klarheit,
zweifle an der Sterne Licht,
zweifl', ob lügen kann die Wahrheit,
nur an meiner Liebe nicht.

WILLIAM SHAKESPEARE
(HAMLET 2. AKT, 2. SZENE)

Die Ehe ist das Ruhen zweier Herzen

Die Ehe ist das Ruhen zweier Herzen,
da ist kein Sehnen mehr und ist kein Schmerzen,
da ist kein Suchen, nein, man hat gefunden.
Man lebt und lebt, doch nimmer zählt man Stunden.

Es ist ein Leben, wie zwei Bäume leben,
die ihre Wurzeln ineinanderweben,
treuinnig mit den Zweigen sich umfassen;
kommt auch ein Sturm, keins kann vom andern lassen.

Derselbe Tau trifft sie, derselbe Regen,
was einem wohltut, bringt dem andern Segen.
Mag Mond, mag Sonne auf sie niederschauen,
sie stehn vereint in kindlichem Vertrauen.
Sie harren still, was ihnen kommt von oben,
ob Freud, ob Leid – sie sind in eins verwoben.

THEOBALD KERNER

Das große Glück
in der Liebe besteht darin,
Ruhe in einem anderen
Herzen zu finden.

JULIE DE LESPINASSE

Nicht ihres Lächelns holder Zauber war's,
die Reize nicht, die auf der Wange schweben,
selbst nicht der Glanz der göttlichen Gestalt –
es war ihr tiefstes und geheimstes Leben,
was mich ergriff mit heiliger Gewalt,
wie Zaubers Kräfte unbegreiflich weben –
die Seelen schienen ohne Worteslaut
sich ohne Mittel geistig zu berühren,
als sich mein Atem mischte mit dem ihren;
fremd war sie mir und innig doch vertraut,
und klar auf einmal fühlt ich's in mir werden:
Die ist es oder keine sonst auf Erden!

FRIEDRICH SCHILLER
(DIE BRAUT VON MESSINA)

Ich bin mir meiner Seele

Ich bin mir meiner Seele
in deiner nur bewusst,
mein Herz kann nimmer ruhen
als nur in deiner Brust!
Mein Herz kann nimmer schlagen
als nur für dich allein.
Ich bin so ganz dein eigen,
so ganz auf immer dein.

THEODOR STORM

An den Andern

Ich hatte mich im Hochgebirg verstiegen.
Die Felsenwelt um mich, sie war wohl schön;
doch konnt ich keinen Ausgang mir ersiegen,
noch einen Aufgang nach den lichten Höhn.

Da traf ich dich, in ärgster Not: den Andern!
Mit dir vereint, gewann ich frischen Mut.
Von Neuem hob ich an, mit dir, zu wandern,
und siehe da: Das Schicksal war uns gut.

Wir fanden einen Pfad, der klar und einsam
empor sich zog, bis wo ein Tempel stand.
Der Steig war steil, doch wagten wir's gemeinsam …
und heut noch helfen wir uns, Hand in Hand.

Mag sein, wir stehn an unsres Lebens Ende
noch unterm Ziel – genug, der Weg ist klar!
Dass wir uns trafen, war die große Wende.
Aus zwei Verirrten ward ein wissend Paar.

CHRISTIAN MORGENSTERN

Hat einer etwas Schöneres
in dieser Welt gesehn,
als zwei in Liebe selig
dicht beieinanderstehn,
die ihrer Seele Sehnen
sich eben offenbart:
Die Hände sich zu reichen
zur Lebenspilgerfahrt?

JOHANN DIETRICH LÜTTRINGHAUS

FASST DU DAS WUNDER?

Fasst du das Wunder?
Ich fass es nicht.
Wir lachten und litten
und kannten uns nicht.

Wir suchten und ahnten
und sahen uns kaum,
da wuchs in uns beiden
ein Blütentraum.

Wir stellten uns trotzig
und blieben uns fern,
da losch zu unseren
Häuptern ein Stern.

Nun ruht mir am Herzen
dein liebes Gesicht –
fasst du das Wunder?
Ich fass es nicht.

ERNST GOLL

Mein Herz ist wie ein singender Vogel,
das Nest gebaut an rauschendes Wehr.
Mein Herz ist wie ein Apfelbaum
mit Ästen, hängend von Früchten schwer.
Mein Herz ist wie eine schimmernde Muschel,
friedlich treibend durch stilles Meer.
Mein Herz ist nimmermehr beklommen,
denn mein Liebster ist gekommen.

CHRISTINA ROSSETTI

Die Liebe hört nie auf.
Sie hat keinen Anfang und kein Ende,
sowohl in räumlicher
als auch in zeitlicher Beziehung;
also kann es außer ihr nichts anderes geben.

KARL MAY

Der schönste Anblick

Schön ist's, wenn zwei Sterne
nah sich stehn am Firmament,
schön, wenn zweier Rosen
Röte ineinander brennt.

Doch in Wahrheit! Immer
ist's am schönsten anzusehn:
Wie zwei, so sich lieben,
selig beieinanderstehn.

JUSTINUS KERNER

Naturgesetz

Zwei reißende Ströme, die fluten und fließen,
um sich gemeinsam ins Meer zu ergießen –
zwei himmelaufsprühende, lodernde Flammen,
im heiligen Feuer schlagend zusammen –

Zwei Wetterwolken, die sich begegnen,
im Frühlingsgewitter die Welt zu segnen –
dein Herz und mein Herz, die jubelnd sich finden
im Muss? Im Wollen? Wer mag es ergründen!

CLARA BLÜTHGEN

ES MUSS WAS WUNDERBARES SEIN

Es muss was Wunderbares sein
ums Lieben zweier Seelen,
sich schließen ganz einander ein,
sich nie ein Wort verhehlen.

Und Freud und Leid und Glück und Not
so miteinander tragen,
vom ersten Kuss bis in den Tod
sich nur von Liebe sagen.

OSKAR VON REDWITZ

DER FUNKE DER LIEBE

Der Funke der Liebe, im Herzen geboren,
geht nimmer dem, der ihn empfunden, verloren,
er glühet und brennt in die Ewigkeit fort;
denn wäre dem Menschen die Kraft nicht gegeben,
zu lieben bis hin ins unsterbliche Leben,
so gäb's wahre Liebe nicht hier und nicht dort.

Nicht wird er entzündet an rosigen Wangen
und nicht an dem Feuer des Jugendverlangen,
so flüchtigem Dienste ist er nicht geweiht.
Und selber die Freude auf schimmerndem Flügel,
sie bringet ihm nicht der Unsterblichkeit Siegel. –
Der Funke der Liebe wohnt über der Zeit.

IDA HAHN-HAHN

Ein treues Herz

Weißt du ein Herz dir schlagen,
das treu gesinnt dir ist,
in deinen trübsten Tagen
fühlst du, wie reich du bist.

Es kommt wie Sonnenlächeln
dir in der tiefsten Nacht,
wie milden Westwinds Fächeln
in eisiger Winterpracht.

Wem solch ein Schatz beschieden,
kann nicht verloren sein.
Du wandelst still in Frieden
in Sturm und Wetterschein.

Bis zu den spätsten Tagen
fühlst du, wie jung du bist,
weißt du ein Herz dir schlagen,
das treu gesinnt dir ist.

JULIUS GROSSE

Auf ewig vereint

Was müssen das für selige Tage sein,
da wir auf ewig vereint
so ganz füreinander leben,
was werd ich da an dir haben.
Du wirst mich aufheitern
in trüben Stunden.
Du wirst mir die Lasten,
die ich zu tragen habe, versüßen.
Du wirst mich mit der Welt
versöhnen, wann ich beleidigt bin.
Du wirst mir alles, alles sein.

FRIEDRICH HÖLDERLIN

Das *Liebhaben* ist gewiss

das größte Wunder

im Himmel und auf Erden

und das einzige, von dem ich mir vorstellen kann,

dass ich es in *Ewigkeit* nicht

sattbekommen werde.

CAROLINE PERTHES

Meine Liebe

Gold'ner, als die Sonne glüht,
reiner als der Mondenschein,
schöner, als die Rose blüht,
wohnt die Lieb im Herzen mein.

Wenn der Lenz von dannen zieht,
nimmt er jede Blüt' vom Baum;
meine Liebe geht nicht mit,
bleibt ein ew'ger Frühlingstraum.

Und wenn Rosen nicht mehr glühn,
nicht mehr lacht der Mondenschein,
Blumen, die da nicht verblühn,
zaubert sie ins Herz hinein.

MARIE EUGENIE DELLE GRAZIE

Sehnsucht

Um bei dir zu sein,
trüg ich Not und Fährde,
ließ ich Freund und Haus
und die Fülle der Erde.

Mich verlangt nach dir
wie die Flut nach dem Strande,
wie die Schwalbe im Herbst
nach dem südlichen Lande.

Wie den Alpsohn heim,
wenn er denkt, nachts alleine,
an die Berge voll Schnee
im Mondenscheine.

RICARDA HUCH

Ich denk an dich, und meine Seele ruht
in dem Gedanken aus an dich,
dem Schiffer gleich, der aus bewegter Flut
zum stillen Hafen rettet sich.

Als wie am Tag ein wilder Vogel fliegt
waldaus, waldein nach seiner Lust,
doch bei der Nacht ins weiche Nest sich schmiegt,
so schmieg ich mich an deine Brust.

Ich ruh in dir, in deiner Liebe ruht
der Drang der Seele wild und scheu;
unsicher ist des Lebensmeeres Flut,
und du allein bist ewig treu.

FRIEDRICH RÜCKERT

Werde alt mit mir!
Denn das Beste kommt noch,
die Dauer des Lebens,
für die der Anfang
gemacht war.

ROBERT BROWNING

Im Traum
und in der Liebe
gibt es keine
Unmöglichkeiten.

JÁNOS ARANY